PRÉCIS

POUR Pierre Gilbert, Appellant;

CONTRE le Comte DE MORANGIÉS;

ET encore contre M. le Procureur Général.

MALGRÉ tant de manœuvres pratiquées pour perdre Gilbert, son innocence est enfin reconnue par la Sentence du Bailliage du Palais. Il est déchargé de l'accusation intentée contre lui. Son honneur est réparé. Mais quelle indemnité lui accorde-t-on pour tous les maux qu'il a soufferts, pour deux années de la plus terrible persécution, pour dix-huit mois passés dans les cachots, pour la perte entiere de son état & de sa modique fortune? Une somme de 3000 livres.

N'est-il pas en droit de se plaindre de l'insuffisance d'un pareil dédommagement? Si la sagacité de ses Juges a sçu pénétrer les artifices de ses ennemis, s'ils ont sçu découvrir la trame de ces intrigues dangéreuses dont on vouloit le rendre la victime, leur équité, leur humanité sollicitoient, ce semble, pour cet infortuné une réparation proportionnée à ses malheurs.

L'une des dispositions de leur Sentence reclame contre l'autre; & pour montrer que la seconde ne remplit pas toute

* A

juſtice, il ſuffira de rappeller les preuves ſur leſquelles la premiere eſt fondée.

Mais ſi Gilbert ſe plaint de la Sentence, il eſt bien éloigné d'inculper les Juriſconſultes qui l'ont rendue. Auſſi diſtingués par leurs lumieres que par leur intégrité, leurs vues ont été pures; il n'eſt pas poſſible d'en douter. Chargés de punir un coupable illuſtre, ils ont adouci, tempéré, le plus qu'il leur a été poſſible, la rigueur de la loi; & dans toutes les condamnations qu'ils ont prononcées, on trouve l'empreinte d'une douceur, d'une modération qui fait honneur à leurs ſentimens, mais qu'ils ont pouſſée trop loin.

Il n'eſt pas beſoin de répéter ici les faits qui ont donné lieu aux pourſuites exercées contre Gilbert. Il connoiſſoit depuis dix-huit mois le ſieur Dujonquay, il l'avoit aidé à compté l'or qu'une malheureuſe famille a confié au Comte de Morangiés ſur la foi de ſes billets. Il l'avoit vu porter. Cette fatale connoiſſance a été la ſource de tous ſes malheurs. Mais pouvoit-il retenir la vérité captive? Lui étoit-il permis de laiſſer accabler une famille trop confiante? Non, ſans doute; il a eu le courage de tout dire, de tout atteſter à la Juſtice, de s'expoſer à toutes les rigueurs de l'inſtruction.

Cependant le Comte de Morangiés qui, par un ſyſtême bien inconſéquent, voudroit que ſa parole eût la force d'anéantir ſes billets, & qui regardoit Gilbert comme un témoin ſans lequel toute preuve contre lui devenoit impoſſible, n'a rien oublié ni pour l'effrayer, ni pour le perdre.

De-là tant d'intrigues artificieuſement préparées. Mais le courage de Gilbert l'a mis au-deſſus des craintes qu'on vouloit lui inſpirer, & ſon innocence l'a fait triompher de tous les efforts de la cabale & de la mauvaiſe foi.

Il n'a pas été juſte impunément. Deux fois il s'eſt vu impliqué dans une procédure criminelle. Deux fois il eſt ailé au-devant des fers *. Il lui en coûte ſon état, ſa fortune, & dix-huit mois paſſés dans les cachots pour avoir eu le courage de dire la vérité. Aujourd'hui qu'elle paroît dans tout ſon jour, que l'inſtruction n'eſt plus un myſtere, il vient armé des preuves de ſon innocence, ſolliciter des Juges ſupérieurs une indemnité proportionnée aux maux qu'il a ſoufferts, aux dangers auxquels il a été expoſé.

* Quel eſt le coupable qui eût oſé tenir une pareille conduite, voiant de quelle maniere on avoit traité les Verons dont il connoiſſoit l'innocence.

Deux accuſations ont été imaginées pour perdre Gilbert. Accuſation de faux témoignage, accuſation de ſubornation.

Pour établir la premiere, on a ſuppoſé 1°. qu'il ne connoiſſoit pas le ſieur Dujonquay à l'époque, ni du 21, ni même du 23 Septembre 1771. 2°. Qu'il avoit écrit à Dujonquay, dans ſa priſon, pour convenir avec lui de dire que leur connoiſſance s'étoit faite au Luxembourg & non dans des ſalles d'armes. 3°. Qu'il étoit convenu n'avoir point été préſent à la numération des eſpèces. 4°. Enfin qu'il s'étoit laiſſé ſéduire par une promeſſe de 20000 livres & l'une des demoiſelles Romain en mariage.

Pour prouver la ſeconde accuſation, on a eu recours à des intrigues d'autant plus dangéreuſes, que l'innocence pouvoit y ſuccomber. Il y en a deux principales. La ſcène du 6 Mars chez la femme Petit, & les manœuvres dont la fille Hériſſé a été l'inſtrument.

On va parcourir ſucceſſivement tous ces objets, en préſentant ſur chacun les preuves de l'innocence de Gilbert. Son innocence une fois établie, il ſera facile de faire voir que la ſomme de 3000 livres à laquelle le Comte de Morangiés eſt condamné envers lui, n'eſt pas à beaucoup près une réparation ſuffiſante.

A ij

4

C'eſt à la vérité que nous prêtons notre plume : c'eſt à l'innocence que nous conſacrons nos foibles efforts, nous n'avons pas
beſoin d'art pour convaincre les Magiſtrats. Nous allons raſſem-
bler nos preuves, les préſenter avec ordre & ſimplicité ; c'eſt
tout ce qu'exige la pureté de notre miniſtere. Nous allons irriter
les coupables ; mais pourquoi ſommes-nous obligés de dévoiler
leurs manœuvres.

§. I. *Gilbert connoiſſoit le ſieur Dujonquay antérieurement au 21 Septembre 1771.*

Ce fait eſt prouvé d'abord par le témoignage unanime de
la famille Veron, qui, dès le premier inſtant de la procédure,
a tenu un langage uniforme, ſans qu'il eût été poſſible de le
concerter.

Mais d'autres témoins certifient la même vérité. La fille Chaume,
qui étoit domeſtique de la dame Veron, atteſte que Gilbert
venoit dans la maiſon plus de dix-huit mois avant le prêt fait
au Comte de Morangiés, & qu'il eſt venu voir le ſieur Dujonquay dans l'après-midi du 21 Septembre. Cette dépoſition,
quoique d'une domeſtique, n'en eſt pas moins recevable, ſoit
parce qu'elle ne l'eſt plus, ſoit parce qu'à l'égard du fait du
21 Septembre, elle étoit témoin néceſſaire. Perſonne n'ignore
que ſur les faits qui ſe paſſent dans l'intérieur d'une maiſon, on
peut entendre les domeſtiques.

Mais quand on mettroit ce témoignage à l'écart, il en exiſte
d'autres au procès. La veuve Tourtera déclare avoir vu Gilbert
avec le ſieur Dujonquay, lors du prêt de 6000 liv. que lui fit
la dame Veron le 2 Septembre. Elle déclare les avoir vus trois
fois enſemble avant le premier Octobre ; ſçavoir deux fois chez
le ſieur Dujonquay, & une fois chez elle.

Robeley, autre témoin, dépofe qu'il y a environ deux ans, ce qui remonte à la fin de l'année 1770, que Gilbert, qu'il accommodoit, lui a fouvent parlé de Dujonquay ; qu'il y a environ dix-huit mois, il apperçut Gilbert avec un Particulier à lui inconnu, & que quelques jours après, il lui dit que ce Particulier avec qui il l'avoit rencontré, étoit le fieur Dujonquay, dont il lui avoit parlé.

Saineville dit qu'au premier Juillet 1771, temps où il a quitté Paris, il y avoit long-temps qu'il connoiffoit le fieur Dujonquay, qui lui avoit parlé du Piqueur de M. de Mailly, comme tirant fort bien des armes.

Aubriot dépofe qu'il avoit vu avant l'affaire Gilbert avec le fieur Dujonquay, qu'il les avoit même vu enfemble au Luxembourg.

Voilà donc des témoins pofitifs qui atteftent la connoiffance antérieure au prêt *. Quelle foi après cela pourroit-on ajouter à des témoins négatifs ? N'eft-il pas fenfible que quatre témoins qui dépofent d'un fait de cette efpece, font plus croyables que mille dont la dépofition purement négative, ne fignifie autre chofe, finon qu'ils n'ont pas connoiffance de ce fait ; mais un fait eft vrai aux yeux de la raifon, lorfqu'il eft attefté par nombre de témoins qui l'ont vu, & il ne devient pas faux, parce qu'un plus grand nombre dira ne l'avoir pas vu.

Voyons au refte ce que difent ces témoins négatifs.

Lecuir prétend que Gilbert ne connoiffoit pas Dujonquay. Mais où a-t-il pris ce fait, & comment un homme peut-il attefter que deux Particuliers qui demeurent dans la même Ville ne fe connoiffent pas ? Auffi ce témoin indigne de toute créance, contredit-il à la confrontation plufieurs faits qu'il a avancés dans fa dépofition.

La femme Lecuir dit que Gilbert n'a connu le fieur Dujon-

* Il n'étoit guères poffible d'avoir beaucoup de témoins de la connoiffance de Gilbert, dans une maifon où l'on ne voyoit perfonne, où l'on dinoit à midi, foupoit à huit heures & fe couchoit à 9 heures, à caufe du grand âge de la dame Veron.

quay que le jour qu'il eſt allé le voir au Fort-Levêque. Mais confrontée à la femme Petit, elle convient n'avoir pas de certitude de ce fait, mais ſeulement l'avoir préſumé d'après la converſation de Gilbert.

Parlerons-nous du témoignage de la femme Durand, qui étoit l'une des accuſées ? Elle prétend que la femme Petit lui a dit que Gilbert étoit un coquin & un faux témoin ; qu'elle avoit fait ce qu'elle avoit pu pour l'empêcher de ſe mêler de cette affaire ; que Gilbert lui avoit fait des offres pour ne point lui nuire. Les mêmes propos ſont répétés par Michalot.

Mais, outre que des témoins de oui-dire ne ſont pas admiſſibles, quelle foi méritent ceux-ci, lorſqu'on voit enſuite la femme Petit, loin de convenir de ces faits, les dénier, en diſculper Gilbert ?

§. II. *Gilbert n'eſt point convenu avec le ſieur Dujonquay de dire que leur connoiſſance s'étoit faite au Luxembourg.*

On prétend que Gilbert ayant appris l'empriſonnement du ſieur Dujonquay, lui écrivit au Fort-Levêque ; que la lettre fut portée par le nommé Lecuir, & que le ſieur Dujonquay lui dit qu'il falloit que Gilbert dît que leur connoiſſance s'étoit faite au Luxembourg, & non dans des ſalles d'armes.

Il faut obſerver d'abord qu'aucun des témoins ne dit avoir lu la lettre ; que Gilbert qui l'a écrite, & le ſieur Dujonquay qui l'a reçue, nient tous deux qu'elle contînt rien de ce que l'on y ſuppoſe, ſans que perſonne au monde puiſſe leur donner le démenti.

Reſte donc la réponſe verbale que l'on prétend y avoir été faite. Trois témoins en dépoſent, Lecuir, ſa femme & la femme Bapſt. Lecuir & ſa femme varient & ſe contrediſent à la confrontation. La femme Bapft étoit accufée, & d'ailleurs leurs dépofitions fe réduifent à celle de Lecuir*, le feul à qui le prétendu propos ait été tenu : les deux autres ne peuvent le tenir que de lui. Voilà un fait bien appuyé !

*Ce témoin étoit fi intimidé, qu'il faifoit trembler la table : c'eft le domeftique de la femme Petit, qui dépofe quand on veut.

Mais quand le propos feroit prouvé, quand il feroit vrai, quelle induction pourroit-on en tirer ? Il ne s'agit que de fçavoir fi Gilbert & le fieur Dujonquay fe connoiffoient avant l'époque du 21 Septembre 1771. Pour convaincre Gilbert de faux témoignage, il faudroit prouver, ou qu'il ne connoiffoit pas Dujonquay au 21 Septembre, ou qu'il n'a pas été chez lui ce jour là, & qu'il ne l'a vu ni le 21, ni le 23 : or, rien de femblable n'eft prouvé. Ainfi les dépofitions de ces trois témoins, quand elles feroient vraies, ne pourroient faire juger Gilbert faux témoin.

C'eft une chofe déplorable que de voir le Comte de Morangiés, dans une affaire auffi grave, s'arrêter fur les faits les plus minutieux. Celui-ci, par exemple, n'eft-il pas de la derniere indifférence ? Qu'importe à l'affaire que la connoiffance de ces deux Particuliers fe foit faite dans des falles d'armes, ou dans une promenade publique ? Ne fuffit-il pas que cette connoiffance exiftât, & qu'elle fût antérieure au prêt ?

Quand elle fe feroit réellement faite dans une falle d'armes,* & quand on en auroit la preuve ; quand d'un autre côté il feroit vrai que Dujonquay, pour fe rendre plus favorable, eût eu la finguliére idée de déguifer cette circonftance, & de placer la fcene au Luxembourg, en réfulteroit-il que Gilbert fût un faux témoin ?

*Dujonquay a dit aux confrontation, que fi fa connoiffance avec Gilbert fe fût faite en falle d'armes, qu'il l'auroit dit avec d'autant plus de fatisfaction, qu'il auroit eu pour témoins, & le Maitre & les Ecoliers. Donc le contenu en la lettre n'étoit pas cela.

Le fait dont il dépofe, le feul dont la Juftice ait à lui demander raifon, c'eft qu'il connoiffoit Dujonquay, c'eft qu'il a vu compter l'or chez le fieur Dujonquay. Dans quelque lieu qu'ils fe foient connus pour la premiere fois, quelle influence cela peut-il avoir fur un fait auffi précis, auffi pofitif que celui d'avoir vu compter l'or, & d'avoir aidé à cette numération ?

§. III. *Gilbert a été présent à la numération de l'or. Jamais il n'a dit le contraire.*

Pour prouver que Gilbert n'a point été présent à la numération dont il s'agit, il n'y auroit qu'un feul moyen raifonnable, ce feroit de montrer que ce jour-là, & à l'inftant où l'argent a été compté, il n'étoit point chez le fieur Dujonquay ; qu'il étoit au contraire dans un lieu tout différent. L'*alibi* étoit le feul moyen de détruire le fait foutenu par toutes les perfonnes de la maifon : or, on n'a pas même entrepris la preuve de cet *alibi.*

Le fait refte donc intact. Mais, dit-on, Gilbert eft lui-même convenu de fa fauffeté.

Lebrun dit, à la vérité, que Gilbert lui a dit qu'il n'avoit point vu compter l'or, mais qu'il le diroit toujours. Dans fa confrontation à Gilbert, il a dit que la femme Petit y étoit préfente. La femme Petit eft venue enfuite, qui a défavoué avoir entendu ce propos : & Lebrun confronté enfuite à la femme Petit, a été forcé de convenir qu'elle n'y étoit pas.

Fillion, autre témoin, allégue le même fait ; mais c'eft, dit-il, pour l'avoir oui dire à la femme Petit & à la femme Latour ; mais ces deux femmes lui donnent le démenti.

On peut donc écarter les allégations de ces deux témoins infidèles, ou plûtôt elles fe détruifent d'elles-mêmes.

Mais une foule de témoins dépofent du fait contraire. La femme Petit eft convenue au Châtelet que Gilbert lui a dit chez elle avoir aidé à compter l'or, & qu'il étoit fûr que la fomme avoit été prêtée.

La femme Champenois attefte que, le 22 ou 23 Septembre, Gilbert vint chez elle fur les neuf ou dix heures du matin pour lui emprunter 12 livres, & qu'il lui dit : fi j'avois l'or que j'ai vu, je n'aurois pas befoin d'emprunter.

Jacob

Jacob, **autre témoin** , dépofe que Gilbert lui a dit avoir vu & aidé à compter l'or.

Il eft donc faux que jamais Gilbert fe foit démenti fur ce fait. Il s'en eft vanté par-tout , il l'a dit publiquement, il a été le foutenir au Comte de Morangiés lui-même , il l'a dépofé comme témoin , il l'a confirmé comme accufé ; enfin dans tous les tems, dans toutes les occafions , jamais il n'a varié fur ce point.

§. I V. *Il eft faux que Gilbert ait jamais parlé de la promeffe prétendue de 20000 livres, & d'une des demoifelles Romain en mariage.*

On croiroit, fans doute, qu'il y a au moins quelque indice, quelque préfomption de l'exiftence de la promeffe ; elle étoit affez confidérable pour que l'on eût pris la précaution de la configner dans quelque écrit , de l'affurer au moins par la préfence de quelques témoins ; & à qui perfuadera-t-on que quelqu'un au monde foit affez infenfé pour rifquer fon honneur & fa vie , fur une promeffe dont rien n'affureroit l'exécution.

Cependant on ne produit aucune preuve, aucune indication de cette prétendue promeffe. Tout fe réduit à alléguer que Gilbert s'en eft vanté ; mais quand il eût été affez infenfé pour rifquer de fe perdre fur une promeffe que rien ne garantiffoit , eft-il croyable qu'il eût été affez ftupide pour s'en vanter ?

Lebrun & la femme Lecuir font les témoins graves qui lui imputent ce propos. Mais Lebrun * a varié à la confrontation ; pour rendre le fait plus croyable , il avoit dit que la femme Petit en étoit témoin : & dans fa confrontation à la femme Petit, il a été forcé de convenir qu'elle ne l'étoit pas.

* Ce Lebrun eft un vil efcroc qui retiroit la femme Petit dans fon galetas aux halles neuves , & qui a trente ou quarante decrets fur le corps , autrefois Fripier, & qui a fait cinq ou fix banqueroutes.

* B

A l'egard de la femme Lecuir, on la connoît déja, & elle ne dépofe que d'un oui-dire vague.

Le nommé le Petit a été plus loin que les autres, au lieu d'une promeffe de 20000 livres, il a prétendu qu'on en avoit fait une de 50000 livres à Gilbert; mais ce témoin fe contredit lui-même : il n'a point d'ailleurs été confronté, & par conféquent il ne fçauroit faire charge. On ignoreroit fa dépofition, s'il ne l'eût lui-même divulguée. Voici le roman qu'il a fabriqué.

Il prétend que Gilbert lui a dit qu'il étoit à la tête d'une affaire confidérable, dont les gens n'avoient que lui, qui lui vaudroit 50000 livres fi elle réuffiffoit : que cela lui avoit fait refufer la place de Cocher de Madame la Comteffe de Provence, comme fi dans le tems du mariage de Madame la Comteffe de Provence, au mois de Mai 1771, Gilbert avoit pu prévoir qu'au mois de Septembre fuivant, un homme de qualité donneroit 327000 livres de billets, dont il prétendroit enfuite n'avoir reçu pour toute valeur que 1200 livres.

Mais laiffons ces vaines inculpations imaginées après-coup, & dans le deffein de perdre un témoin trop véridique, que l'on n'avoit pas pu épouvanter ; car il faut remarquer que dans le tems des plaidoiries à la Tournelle, le Comte de Morangiés n'avoit pas encore imaginé les faits que l'on vient de réfuter; ce n'eft que le 21 Avril 1772, fept mois après le prêt, qu'ils ont été confignés dans une plainte.

Il s'eft bientôt apperçu que fa preuve étoit manquée, que la vérité s'étoit foutenue par fes propres forces, & c'eft alors que l'on a eu recours à l'intrigue & aux manœuvres pour faire fuccomber l'innocence.

§. V. Premiere Intrigue.

La scene du six Mars chez la femme Petit.

On a prétendu que pour engager au silence l'un des témoins, Gilbert avoit brûlé une reconnoissance de quarante-deux louis qu'il avoit de ce témoin, en le pressant de déposer comme lui, & s'offrant de lui faire avoir une somme de 10000 livres, que le même Gilbert a proposé à un Suisse de porte & à la femme de ce Suisse, de leur donner cent louis pour les engager à déposer qu'ils l'avoient vu avec Dujonquay avant le 23 Septembre : qu'il a avoué toute l'intrigue de la subornation devant plusieurs personnes, en leur demandant s'il pouvoit encore obtenir sa grace en se rétractant, & que sur la réponse négative, il témoigna le plus vif regret, & résolut de s'évader.

Telle est la fable qu'il falloit prouver, elle se réfute d'elle-même pour la plus grande partie.

Ce témoin dont on parle d'un air si mistérieux, c'est la femme Petit, qui devoit en effet une somme de quarante-deux louis à Gilbert, dont elle lui avoit fait un billet qu'elle avoit fait brûler. Mais Gilbert étoit si éloigné de lui faire grace de cette somme, il étoit si éloigné de craindre cette femme, que depuis cette scene, dont on fixe l'époque au six Mars, il l'a poursuivie consulairement, & fait constituer prisonniere. Ce n'est pas ainsi que l'on traite ceux dont on a le témoignage à redouter.

N'est-il pas absurde de supposer que Gilbert ait proposé 10000 livres à un témoin, cent louis à un autre, pour les faire déposer? Avec une aussi extravagante profusion, que seroit-il donc resté à la famille Veron de ses cent mille écus?

A l'égard du desir de se rétracter, de l'aveu de faux témoignage, du regret, du défefpoir, de l'envie de s'évader*, tout cela peut-il entrer dans l'efprit de quelqu'un qui connoît Gilbert? Quoi! cet homme, qui a été deux fois fe conftituer de lui-même prifonnier, auroit eu envie de s'évader? Et s'il eût été coupable de faux témoignage, il auroit été en faire la confidence? Toutes ces fuppofitions ne font pas croyables; on a voulu cependant les réalifer, & voici l'intrigue qui a été pratiquée.

Gilbert, dit-on, alla le 6 Mars 1772 chez la femme Petit, & là il avoua tout haut qu'il étoit un faux témoin. La femme Petit l'effraya, en lui difant que fi elle & fa famille étoient affignés, elle diroit la vérité, & qu'elle le perdroit : alors, ajoute-t-on, Gilbert avouant qu'il avoit rendu un faux témoignage, pria la Petit de ne le pas perdre, ou de ne point le faire pendre. On fuppofe trois témoins apoftés dans une chambre voifine pour entendre cette converfation, le Chevalier Aubry, le Chevalier de la Gaudinais, & la femme Durand.

Qui ne trembleroit à la vue d'un tel complot? L'homme le plus innocent y auroit fuccombé, fi l'intrigue & le menfonge ne fe trahiffoient toujours eux-mêmes.

Chacun de ces témoins apoftés raconte le fait avec les plus grands détails; mais c'eft une maladreffe de leur part. Un menteur doit parler peu; chacun d'eux a voulu orner fon recit, & fur des circonftances effentielles, chacun d'eux donne le démenti aux deux autres, & la femme Petit le leur donne à tous trois.

Voici quelques-unes des contradictions dans lefquelles ils font tombés.

Les deux Chevaliers difent qu'ils étoient dans la chambre de la femme Petit, lorfqu'on annonça Gilbert, & qu'on les fit paffer dans la chambre aux toiles. La Durand dit au contraire, à la confrontation, qu'ils étoient dans la chambre aux toiles lorfque Gilbert arriva.

Les Chevaliers prétendent que la Petit leur dit qu'elle alloit leur faire entendre un faux témoin. La Durand, non-feulement, ne parle point de cette anecdote ; mais par fon recit, il paroît qu'elle la dénie.

Le Chevalier Aubry dit qu'il n'y avoit point de lumiere dans la chambre aux toiles où ils étoient à écouter. Le Chevalier de la Gaudinais dit qu'il l'éteignit, ce qui fuppofe qu'il y en avoit. La Durand dit qu'il y avoit un bout de chandelle qui finiffoit. La Petit trouve fort mauvais qu'on l'accufe d'avoir laiffé ces Meffieurs fans lumiere. Elle dit que ce fait eft de la plus grande fauffeté, & qu'ils avoient de la lumiere dans la chambre où ils étoient. Enfin le nommé Matthieu, qui étoit dans la chambre aux toiles, dit qu'il y avoit deux lumieres, qu'en y rentrant, il y retrouva deux chandelles allumées.

Outre la contradiction qui décele l'impofture, ce fait eft de la plus grande importance. De cinq perfonnes, en voilà trois qui atteftent qu'il y avoit de la lumiere ; le quatrieme, en difant qu'il l'a éteinte, fuppofe qu'il y en avoit eu d'abord. Ils conviennent tous que la porte étoit entr'ouverte. Gilbert devoit donc les appercevoir, ou fuppofer, au moins, qu'il y avoit, ou qu'il pouvoit y avoir, quelqu'un dans la chambre aux toiles, & dans ce cas, comment imaginer qu'il fe fera accufé tout haut de faux témoignage ?

Les Chevaliers difent qu'ils ont tout entendu, & la Durand, en fortant de la féance, dit à la femme Petit qu'elle n'avoit point entendu Gilbert.

La porte étoit entr'ouverte, ils en conviennent. Il falloit bien le fuppofer, car la porte fermée, ils ne pouvoient rien

voir ni rien entendre, & ils prétendent avoir vu & avoir entendu, leur témoignage sans cela n'auroit pas été proposable.
Mais si la porte étoit assez entr'ouverte pour qu'ils pussent voir
Gilbert, elle l'étoit donc assez pour que Gilbert pût aussi les
voir, d'autant plus que, suivant quatre d'entr'eux, il y avoit
de la lumiere. Et c'est dans ces circonstances que Gilbert, sans
aucune inquiétude, aura dit à haute & intelligible voix qu'il
étoit un faux témoin.

Observons au reste que Gilbert a non-seulement dénié ces
faits à la confrontation, mais qu'il a soutenu n'avoir point été
chez la Petit le 6 Mars. La Petit elle-même dit qu'elle ne peut
pas se ressouvenir s'il y est venu ce jour là.

Les deux Chevaliers disent que la Petit leur avoit annoncé
qu'elle alloit leur faire entendre un faux témoin ; & la Petit
soutient qu'elle ne leur avoit pas parlé de Gilbert, & que ceux
qui ont pu dire cela font de grands menteurs.

Le Chevalier Aubry, fait dire à la Petit, en parlant à Gilbert : *Mon cher Gilbert, vous êtes un honnête homme.* Le Chevalier de la Gaudinais lui fait dire : *Tu es un malheureux, un faux
témoin, tu te feras pendre.*

Il est vrai qu'ils paroissent à peu-près d'accord sur les aveux
qu'ils font faire à Gilbert ; mais c'étoit là le point convenu entr'eux. Les deux infames vieillards qui calomnièrent l'innocence
étoient aussi d'accord sur le fait du crime. Mais parce qu'ils se
contredirent sur une circonstance locale, le plus sage des hom-
mes les confondit d'imposture, & ils furent lapidés.

N'est-il pas étonnant après cela, que des témoins aussi évi-
demment convaincus de mensonge, ayent échappé à la peine ?
Ces vieillards corrompus l'avoient également évitée ; & c'est
avec la plus grande confiance que sur cet article Gilbert con-
jure les Magistrats Supérieurs de scruter la conduite de ces faux

témoins apoſtés pour le perdre, & de faire retomber ſur eux leur iniquité.

Il eſt notoire ſur-tout que le Chevalier Aubry cherchoit des témoins pour le Comte de Morangiés*. La preuve en ſera facile. Il en exiſte déja une forte préſomption au procès. Le Chevalier de la Gaudinais dépoſe que c'eſt le Chevalier Aubry qui l'a invité d'aller chez la Petit : & ſi la Cour deſire d'avoir à cet égard des inſtructions plus détaillées, elle en trouvera des veſtiges au Greffe du Tribunal de Noſſeigneurs les Maréchaux de France, & dès qu'elle ordonnera une inſtruction ſur ce point, elle verra les preuves ſe multiplier.

* Le Chevalier de la Gaudinais ne craignoit pas de dire auſſi qu'il faiſoit des témoins tant qu'il pouvoit à Morangiés pour le tirer d'affaire.

Gilbert n'eſt donc point un faux témoin ; on l'a vu par la diſcuſſion des faits qui lui ont été imputés. L'intrigue pratiquée pour le convaincre en même-temps de faux témoignage & de ſubornation, ne ſert qu'à manifeſter ſon innocence. L'iniquité s'eſt démentie, & ceux qui en ont été les inſtrumens ſe bleſſent les uns les autres de leurs propres armes:

Mais la malignité ne ſe décourage point lorſqu'elle eſt ſecondée d'un puiſſant intérêt. Malgré le mauvais ſuccès de cette premiere intrigue, on en a pratiqué une ſeconde, déjà connue du Public, & dont nous allons retracer ici quelques circonſtances.

§. VI. Seconde intrigue.

Manœuvres pratiquées par le moyen de la fille Hériſſé.

Perſonne n'a ſans doute oublié le nom fameux de la fille Hériſſé, ſurnommée Tempête. On doit ſe ſouvenir encore de cette mémorable lettre, tombée comme par miracle entre les mains du Défenſeur du Comte de Morangiés, de cette déclaration dont on a fait tant de bruit.

Toute cette hiſtoire n'eſt qu'une miſérable intrigue pratiquée pour perdre Gilbert, pour le convaincre de ſubornation, tandis que c'étoit contre lui-même que l'on machinoit le plus odieux des complots.

La fille Hériſſé & la femme Bapſt, toutes deux priſonnieres à la Conciergerie, s'étant battues le 6 Février dernier, la fille Hériſſé dit qu'elle alloit mettre au jour tout le myſtere, & dévoiler l'intrigue que le Comte de Morangiés avoit mis en œuvre contre Gilbert; qu'elle déclareroit tous les témoins à qui il avoit donné de l'argent pour dépoſer.

La fille Hériſſé appella en effet Gilbert, qui ſe promenoit dans le Préau, mais il ne voulut pas même l'écouter.

Le lendemain un priſonnier apporta à Gilbert un billet de la fille Hériſſé, conçu en ces termes : » Monſieur, faites-moi en-
» tendre au Bailliage, & je dirai que j'ai à prouver pluſieurs
» témoins à qui le Comte de Morangiés a donné de l'argent.
» Faites-moi réponſe du oui ou du non «.

Gilbert ne fit qu'une réponſe vague, & dit que la fille Hériſſé, pendant ſes deux heures de liberté, pouvoit venir lui parler par un trou qui eſt au bas de ſa porte. Il prit en même-temps la précaution de faire cacher dans ſa chambre un témoin qui pût entendre toute la converſation de la fille Hériſſé. Elle répéta que s'il pouvoit la faire entendre au Bailliage, elle prouveroit tous les faux témoins qui avoient dépoſé contre lui.

Le bruit de cette avanture éclata, il vint à la connoiſſance du Procureur du Roi, qui crut ne devoir pas négliger les nouvelles preuves qu'on annonçoit. La fille Hériſſé fut entendue le lendemain. Elle dépoſa de pluſieurs faits de ſubornation, & de corruption par argent, qu'elle imputa au Comte de Morangiés. Il paroît même que ces faits furent circonſtanciés, & qu'elle indiqua pluſieurs perſonnes qu'elle prétendoit avoir reçu de l'argent

gent

gent pour dépofer contre Gilbert. En conféquence plufieurs autres témoins furent entendus, & leurs dépofitions furent fuivies de decrets contre différentes perfonnes.

Cependant la fille Hériffé fut condamnée à un peine infamante, pour raifon du délit qui avoit donné lieu à fon emprifonnement. On imagina que le moment étoit favorable pour l'engager à rétraĉter ce qu'elle avoit dit. On lui fit efpérer fa grace, ou du moins un furfis, & les Agens du Comte de Morangiés déterminerent cette fille à donner cette fameufe déclaration du 13 Mars, que les régles de l'inftruĉtion ne permettoient pas de recevoir, & qui ne pouvoit produire d'autre effet que de mettre la fille Hériffé dans le cas qu'on lui fit fon procès comme à un faux témoin.

On lui fait dire dans cette déclaration, que tout ce qu'elle a dit dans fa dépofition, récolement & confrontation, relativement à la fubornation de témoins dont le Comte de Morangiés étoit accufé, eft abfolument faux : qu'elle n'a dépofé de cette fubornation qu'à la follicitation de Gilbert, & d'un Marquis ou d'un Baron, dont elle ne fe rappelle pas le nom, & qui lui avoit promis vingt-cinq louis & fa grace : que Gilbert lui a donné plufieurs fois de l'argent & un mouchoir de col pour l'engager à dépofer contre le Comte de Morangiés : que lorfqu'elle montoit au Bailliage, il l'exhortoit à perfifter & lui donnoit du vin & de l'eau-de-vie : que le Baron ou Marquis venoit fréquemment à la Conciergerie, & a dit plufieurs fois, entr'autres une fois, en préfence du nommé Capelain, Soldat, qu'il étoit sûr d'avoir fa grace, &c. Enfin elle prétend que la lettre que Gilbert a préfenté comme venant d'elle, eft une lettre fuppofée, & que c'eft depuis qu'il lui en a furpris une.

On ne s'en tint pas à cette déclaration, on voulut ménager un coup de théâtre pour l'audience du 15 Mars. Le défenfeur

C*

du Comte de Morangiés feignit que le vendredi précédent, à dix heures du foir, un homme, avec les apparences de la plus profonde douleur, lui avoit remis une lettre, en lui difant qu'elle étoit de fa fille.

Cette lettre eft trop connue pour qu'il foit néceffaire de la rapporter ici.

Ce dernier effort d'intrigue pratiquée pour perdre Gilbert, n'a pas eu plus de fuccès que la fcène du 6 Mars. Le Miniftere public a rendu plainte, comme il le devoit, contre un témoin qui varie après la confrontation, & l'information a appris des faits bien plus étonnans fans doute que cette lettre apportée par un inconnu à dix heures du foir.

Il eft bien permis à Gilbert, contre qui cette manœuvre avoit été imaginée, de faire connoître ici quelques-unes des circonftances que les confrontations lui ont apprifes.

Il a été prouvé par l'inftruction, que ce n'étoit point la fille Hériffé qui avoit demandé à faire fa rétractation ; mais que Me Linguet avoit été au Châtelet le 13 Mars au matin, jour de cette déclaration : qu'il étoit refté long tems avec le fieur Lieutenant Criminel : qu'enfuite ce Magiftrat avoit demandé au Guichetier qui étoit de fervice au cabinet criminel, fi la fille Hériffé étoit exécutée ; que ce Guichetier lui répondit que non : qu'alors le fieur Lieutenant Criminel ordonna qu'on la fît monter ; ce qu'elle refufa difant qu'elle n'avoit que faire au cabinet criminel ; qu'étant montée, on la fit entrer dans le cabinet, & que pendant ce tems Me Linguet étoit caché dans l'autre cabinet en face.

Il eft encore établi dans l'inftruction que c'étoit fon pere qui l'avoit engagée à faire fa déclaration ; que cet homme étoit connu de Me Linguet ; que la déclaration n'avoit été faite que pour fauver la mere & le Comte de Morangiés ; que l'entrevue de Me Linguet avoit été préparée par le pere, & que ce n'étoit pas elle qui avoit demandé à monter au cabinet criminel.

Enfin ces faits font avoués par le pere & par la fille ; & ce qui eft fur-tout intéreffant pour Gilbert, cette malheureufe le difculpe de toutes les imputations dont elle l'avoit chargé à l'inftigation de fon pere.

A quelles réflexions une pareille manœuvre ne pourroit-elle pas donner lieu ? Nous les épargnons à ceux qui ont eu le malheur d'en être les complices.

Voilà donc Gilbert échappé encore une fois aux piéges tendus à fon innocence. En effet, quand il auroit été poffible de faire quelqu'attention à la déclaration de la fille Hériffé ; quand elle n'auroit pas défavoué elle-même cette fauffe déclaration qu'on lui avoit fuggérée, il a été juftifié de tous les faits qu'on lui avoit imputés, & l'inftruction ne doit laiffer à cet égard aucun foupçon contre lui.

Mais que ne prouve-t-elle pas contre les auteurs de cette manœuvre ? Leur deffein étoit d'y comprendre le fieur Aubourg, à qui ils veulent peut-être plus de mal qu'à Gilbert. L'hiftoire du prétendu Marquis ou Baron n'a été imaginée que pour lui. On n'a pas craint de l'avouer à l'Audience & dans un Mémoire imprimé.

Elle a pourtant un fondement ; mais c'eft vraifemblablement une nouvelle manœuvre qu'il eût été à fouhaiter que l'on eût pû approfondir. Voici le fait tel que l'a dépofé Gilbert, en quoi aucun témoin ne l'a démenti.

Un Particulier qu'il ne connoît point, l'eft venu voir trois ou quatre fois dans fa prifon. Au milieu de différens propos, il lui dit un jour, que s'il n'avoit dépofé que par pitié pour la famille des Veron, il lui donneroit des moyens de s'en tirer, fans qu'il lui arrivât le moindre mal. Gilbert s'indigna de ce propos, & repartit qu'il n'avoit dit que la vérité ; & comme il commençoit à parler un peu haut, ce Particulier effaya de l'adoucir, en lui difant qu'il ne lui parloit que pour fon bien, & qu'il prenoit beaucoup de part à fa peine. Dans l'une de fes vifites, il avoit préfenté 12 livres à Gilbert, qui les refufa, mais qui, fur des inftances réitérées, fut forcé de les accepter.

Ce même Particulier, quatre ou cinq jours après l'emprifonnement du Comte de Morangiés, vint voir Gilbert. On parloit alors beaucoup de la fille Hériffé. Il témoigna defirer de la connoître : Gilbert lui dit que s'il vouloit attendre, elle alloit paffer. Elle defcendit en effet un inftant après, & Gilbert la lui montra. Ce Particulier dit alors que les Juges devroient bien lui donner fa grace pour l'action qu'elle venoit de faire. La fille Hériffé, entendant ces paroles, pria ce Particulier de lui rendre fervice. Elle n'eut rien de plus preffé que de demander à Gilbert quel étoit cet homme-là. Il lui dit au hafard que c'étoit un Marquis ou un Baron ; & tel eft l'unique fondement de l'hiftoire du Marquis dont on a fait tant de bruit.

La fille Hériffé a dit encore dans fa déclaration que Gilbert lui avoit donné plufieurs fois de l'argent. Il n'a pas nié qu'il lui avoit quelquefois donné trois ou quatre fols qu'elle lui demandoit pour avoir du vin ou de l'eau-de-vie ; mais il l'a fait par pure charité, & après l'avoir long-tems refufée ; & ce qu'il faut fur-tout obferver, il ne l'a fait qu'après que cette fille a été interrogée & confrontée, enforte qu'il n'eft pas poffible de fuppofer que ces aumônes aient pu influer fur fes dépofitions.

Au refte, elle l'a pleinement juftifié là-deffus, & nul témoin ne l'inculpe à cet égard.

Le nommé Capelain, celui que Gilbert avoit engagé à fe tenir dans fa chambre lorfque la fille Hériffé viendroit lui parler, a dépofé que jamais Gilbert ne lui avoit dit qu'il venoit un Marquis ou un Baron pour le voir ; qu'il a fait, lui Capelain, quelques charités à la fille Hériffé ; que même cette fille ayant un jour demandé à Gilbert cinquante fols pour retirer un jupon qu'elle avoit mis en gage, il refusa de les lui prêter; qu'elle l'a souvent prié de la secourir; qu'il l'a toujours refusé; qu'un jour Gilbert la pria de venir dans sa chambre, que la fille Hérissé vint à sa porte, & lui dit que s'il pouvoit la faire entendre au Bailliage, elle prouveroit tous les faux témoins qui avoient déposé contre lui. C'est précisément ce qui est porté dans la lettre écrite à Gilbert par la fille Hérissé.

Que reste-t-il donc encore de cette accusation de subornation intentée contre Gilbert? Seroit-ce le témoignage de la femme Hérissé? Mais c'est une femme que Gilbert a reprochée, parce qu'elle tient un lieu de débauche, & parce qu'elle est d'ailleurs indigne de toute confiance par le personnage qu'elle a joué dans toute cette affaire.

Seroit-ce Hérissé pere, qui prétend que Gilbert est venu plusieurs fois chez lui pour engager sa femme à déposer? Mais ce témoin, indigne d'ailleurs de toute confiance, est forcé de se rétracter à la confrontation, & de convenir que si Gilbert est venu chez lui, c'est pour engager sa femme à aller chez le sieur Vieillard, arbitre de l'affaire de la Petit.

Il y a eu des suborneurs, sans doute, dans cette affaire, & sont-ils donc aujourd'hui si difficiles à démêler? Les prétendus témoins de la scene du 6 Mars, les agens & les instigateurs des manœuvres de la fille Hérissé ne sont-ils pas des suborneurs? Pourquoi quelques-uns n'ont-ils pas même été décrétés? La rigueur de l'instruction a été épuisée contre Gilbert, tandis que ses adversaires n'ont pas même été inquiétés.

Les premiers Juges ont été effrayés, sans doute, du nombre des coupables qu'ils auroient à punir : de pareilles considérations ne retiendront pas les Magistrats Supérieurs.

N'auroit-on pas dû, par exemple, instruire contre le nommé de Ronciéres, Horloger? Assigné pour déposer, il a prétendu qu'allant un jour chez la femme Tourtera , pour lui demander un reliquat de prêt , cette femme lui répondit qu'il lui étoit impoſſible de le payer : qu'il n'avoit qu'à attendre que Dujonquay eût gagné ſon procès , & que comme il devoit lui payer ſa dépoſition , elle auroit la facilité de s'acquitter.

A la confrontation avec le ſieur Dujonquay , interpellé de déclarer dans quel tems la Tourtera lui avoit tenu ce propos , il le fixa à une époque fort antérieure au prêt fait au Comte de Morangiés. Dujonquay l'arrêta auſſitôt , & lui fit voir que ce qu'il diſoit étoit impoſſible , puiſqu'à cette époque l'affaire n'étoit pas née , & que même il ne connoiſſoit pas le Comte de Morangiés.

De Ronciéres embarraſſé nia qu'il eût dépoſé de ce fait , on lui rappella ſa dépoſition. Ce miſérable répondit alors , faut-il vous dire la vérité ? Tout ce que j'ai dit eſt faux ; & la Tourtera m'a dit , au contraire , que ſi le ſieur Dujonquay n'eût pas eu la bêtiſe de prêter ſon argent au Comte de Morangiés , & qu'elle l'eût fait valoir , elle auroit eu le moyen d'avoir un cabriolet.

Pourquoi de Ronciéres convaincu de faux témoignage n'a-t-il pas été pourſuivi ? Les premiers Juges cedant au préjugé qui s'élevoit en faveur du Comte de Morangiés , n'ont rien négligé de ce qui pouvoit conduire à ſa juſtification. Ils ont fait eſſuyer à ſes adverſaires toutes les rigueurs de la procédure. Il ſemble qu'ils les ayent ſuppoſés coupables par cela ſeul qu'on les accuſoit.

Mais l'innocence a triomphé de ces épreuves. Gilbert n'en a pas rédouté l'appareil , il ſçavoit cependant de quoi ſes ennemis étoient capables ; mais après avoir fait trembler le Comte de Morangiés dans l'entrevue du 2 Octobre 1771 * , auroit-il craint de lui ſoutenir la vérité en face ? Il ſe rappelle

* On a expliqué dans un premier Mémoire quel fut le motif de cette viſite. Elle n'en eut pas d'autre que l'humanité , la ſenſibilité pour des malheureux dont il connoiſſoit l'innocence.

qu'à l'une des confrontations ; vous m'accufez, lui dit-il, d'être un faux témoin. Ce n'eft pas-là le langage que vous m'avez tenu le 2 Octobre lorfque j'allai chez vous ; pâle, tremblant, interdit ; vous me fîtes affeoir, & dans votre embarras, peu s'en fallut que votre langue ne laiffât échapper le fecret que tout votre extérieur manifeftoit affez.

Gilbert eft innocent ; la Sentence le prononce ainfi ; & l'on vient d'en voir quelques preuves. Mais n'eft-ce pas une inconféquence de la part des premiers Juges, que de n'avoir infligé aucune peine à fes calomniateurs ? N'en eft-ce pas une autre, que d'avoir réduit à une modique fomme de 3000 liv. l'indemnité qu'il étoit en droit d'attendre ?

Laiffons aux Magiftrats le foin de réparer la premiere, & de remplir ce qu'exige la vindicte publique.

Mais il eft permis à Gilbert de faire valoir quelques confidérations relatives à fon intérêt perfonnel. Il s'eft vu accufé à la fois de faux témoignage, & de fubornation active & paffive. Trois intrigues redoutables ont été préparées contre lui : l'hiftoire de la lettre portée par Lecuir, la fcene du 6 Mars, les manœuvres plus dangereufes encore auxquelles la fille Hériffé a fervi d'inftrument : il en a triomphé ; mais ce que l'on ne peut penfer fans frémir, la vertu la plus pure pouvoit y fuccomber.

Décrété deux fois de prife-de-corps, il n'a pas craint l'épreuve la plus rigoureufe. On l'a vu s'offrir de lui-même à la plus effrayante captivité. Il a paffé dix-huit mois dans les cachots, prêt à fuccomber chaque jour fous le poids de la mifere, & fous les traits de l'impofture. La prifon n'eft qu'une peine pour un homme riche : c'eft un fupplice pour celui qui ne peut pas payer les fecours dont il a befoin.

Où feroit donc la juftice, fi d'auffi cruelles épreuves, fi la perte de fa fanté, fi la ruine de fa fortune n'étoient compenfées que par une fomme modique de 3000 liv.? Il n'a pas befoin fans doute de s'étendre fur les motifs qui follicitent pour lui un dédommagement plus confidérable. Il l'attend avec confiance de l'équité, de l'humanité des Magiftrats Supérieurs. Ils ont fous les yeux les preuves de fon innocence; mais ils ont auffi celles de la noirceur & de la malignité de fes perfécuteurs. C'eft le réfultat de ces deux genres de preuves qui doit fixer l'indemnité qu'il follicite. *Signé* GILBERT.

Monfieur GOUDIN, Rapporteur.

Me COURTIN, Avocat.

P. S. Il vient de paroître un nouveau libelle pour le Comte de Morangiés. Nous avons pris la peine de le lire ; nous ne prendrons pas celle d'y répondre. Ceux qui voient ces fortes d'écrits fentiront affez qu'ils fe réfutent d'eux-mêmes.

Me COURTIN, Avocat,

A PARIS, chez P. G. SIMON, Imprimeur du Parlement, *rue Mignon Saint André - des - Arcs*, 1773.